BILDNER

DIE INOFFIZIELLE POKÉMON ÜBERSICHT FÜR SCHWERT & SCHILD

Inhaltsverzeichnis

Einleitung

Die Geschichte der Pokémonspiele beginnt vor über 20 Jahren mit der Roten und Blauen Edition. Die Serie erfreut sich bis heute rekordbrechender Beliebtheit: Es sind inzwischen nicht nur weit über 100 verschiedene Pokémon-Spiele erschienen, sondern auch ein Anime, ein Sammelkartenspiel und diverse Kinofilme. Das Highlight der Pokémonwelt sind trotzdem nach wie vor die Spiele der Hauptreihe. Pokémon Schwert und Schild leiten dabei die achte Generation ein. Sie wagen nicht nur als erstes Hauptspiel den Sprung in die dritte Dimension, sondern debütieren auch neue Features wie die Dynamaximierung und die Naturzone, die zum ersten Mal Open-World-Elemente ins Spiel bringt. Doch die vielen Möglichkeiten lassen so manchen Spieler etwas überfordert zurück. Wie genau war das mit der Entwicklung von Keifel zu Mamutel? Welche Pokémon sind Schwert-exklusiv und welche gibt es nur in Schild? Wo finde ich noch gleich TM65? Und wie komme ich zu meinem eigenen Gigadynamax-Glurak?

Die Tabellen in diesem Buch sollen dich auf deiner Reise durch die Galar-Region begleiten und dir dabei helfen, all diese und viele weitere Fragen zu beantworten! Du findest alle wichtigen Daten sinnvoll sortiert und mit kleinen Icons ausgestattet, die dich ohne Umwege schnell zu den gesuchten Informationen führen. So wirst du mit Leichtigkeit zum neuen Pokémon-Champion!

Impressum:

Verlag: BILDNER Verlag GmbH | Bahnhofstr. 8 94032 Passau | www.bildner-verlag.de | info@bildner-verlag.de | Tel: +49 851 6700 | Fax: +49 851 6624

ISBN: 978-3-8328-0401-5 | Autor: Aaron Kübler | Herausgeber: Christian Bildner | Copyright 2020 BILDNER Verlag

Druck: WirmachenDruck.de | Mühlbachstr. 7 | 71522 Backnang

Icon	Bedeutung
☆	Entwicklung
	Klarer Himmel
	Sonnenschein
	Bewölkt
	Regen

Icon	Name
	Gewitter
	Schnee
	Schneesturm
	Sandsturm
	Nebel

Exklusivität
nur in Schild
nur in Schwert

Nr.	Name	Typen	Fundorte und Entwicklung
1	Chimpep	Pflanze	Starter-Pokémon
2	Chimstix	Pflanze	Chimpep ☆ Level 16
3	Gortrom	Pflanze	Chimstix ☆ Level 35
4	Hopplo	Feuer	Starter-Pokémon
5	Kicklero	Feuer	Hopplo ☆ Level 16
6	Liberlo	Feuer	Kicklero ☆ Level 35
7	Memmeon	Wasser	Starter-Pokémon
8	Phlegleon	Wasser	Memmeon ☆ Level 16

Nr.	Name	Typen	Fundorte und Entwicklung
9	Intelleon	Wasser	Intelleon Level 35
10	Sensect	Käfer	Route 1, Route 2, Hut des Giganten, Schlummerwald
11	Keradar	Käfer Psycho	Route 5, Hut/Spiegel des Giganten, Megalithen-Ebene, Sensect Level 10
12	Maritellit	Käfer Psycho	Schlummerwald, Wutanfall-See, Keradar Level 30
13	Raupy	Käfer	Route 1
14	Safcon	Käfer	Wonnewiesen, Raupy Level 7
15	Smettbo	Käfer Flug	Spiegel des Giganten, Wonnewiesen, Schlummerwald, Safcon Level 10
16	Mabula	Käfer	Wipfelscheinwald, Wachturmruine, Schlummerwald, Route 1, Milza-See (Osten), Milotic-See (Norden)
17	Akkup	Käfer Elektro	Sandsturmkessel, Milza-See (Auge), Claw-Plateau, Mabula Level 20
18	Donarion	Käfer Elektro	Route 1, Route 2, Schlummerwald, Akkup Donnerstein
19	Hoothoot	Normal Flug	Route 1, Route 2, Schlummerwald, Wipfelscheinwald, Hut des Giganten (alle außer)
20	Noctuh	Normal Flug	Engine-Flussufer, Hut des Giganten (alle außer), Hoothoot Level 20
21	Meikro	Flug	Route1, Route 2, Route 3, Schlummerwald, Engine-Flussufer
22	Kranovitz	Flug	Engine-Flussufer , Megalithen-Ebene, Spiegel des Giganten, Claw-Plateau, Meikro Level 18

Nr.	Name	Typen	Fundorte und Entwicklung
23	Krarmor	Flug Stahl	Schlummerwald, Sandsturmkessel, Wutanfall-See, Krarmor Level 38
24	Raffel	Normal	Route 1, 2, 3, 4, 5, Schlummerwald, Wonnewiesen, Wipfelscheinwald, Wachturmruine, Milotic-See, Engine-Flussufer
25	Schlaraffel	Normal	Route 6, 7, 8, 9, Milza-See (Auge), Sitz/Hut/Spiegel des Giganten, Wachturmruine, Engine-Flussufer, Brückental, Claw-Plateau, Wutanfall-See, Raffel Level 24
26	Dusselgurr	Normal Flug	Wonnewiesen, Milza-See (Osten), Milotic-See (Norden), Wachturmruine
27	Navitaub	Normal Flug	Spiegel/Sitz des Giganten, Megalithenebene, Brückental, Dusselgurr Level 21
28	Fasasnob	Normal Flug	Milza-See (Auge), Claw-Plateau, Fasasnob Level 32
29	Kleptifux	Unlicht	Spiegel des Giganten, Sandsturmkessel, Route 1, Route 2, Megalithen-Ebene
30	Gaunux	Unlicht	Route 7, Route 9, Megalithen-Ebene, Claw-Plateau, Brückental, Gaunux Level 18
31	Zigzachs	Normal	Route 2, Route 3, Brückental, Megalithen-Ebene (alle außer), Hut des Giganten (alle außer)
32	Geradax	Normal	Hut des Giganten, Zigzachs Level 20
33	Barrikadax	Unlicht Normal	Wutanfall-See, Galar-Geradax Level 35 bei Nacht
34	Wolly	Normal	Route 1, Engine-Flussufer
35	Zwollock	Normal	Engine-Flussufer, Claw-Plateau, Sandsturmkessel, Wolly Level 24

Nr.	Name	Typen	Fundorte und Entwicklung
36	Loturzel	Wasser Pflanze	Route 2, Wonnewiesen, Wipfelscheinwald
37	Lombrero	Wasser Pflanze	Route 5, Wipfelscheinwald, Sitz des Giganten, Hut des Giganten, Milotic-See (Süden), Loturzel 14
38	Kappalores	Wasser Pflanze	Lombrero Wasserstein
39	Samurzel	Pflanze	Route 2, Wipfelscheinwald, Milza-See (Westen)
40	Blanas	Pflanze Unlicht	Route 5, Wonnewiesen, Wipfelscheinwald, Sitz des Giganten, Milotic-See (Süden), Samurzel Level 14
41	Tengulist	Pflanze Unlicht	Blanas Blattstein
42	Kamehaps	Wasser	Route 2, Route 4, Galar-Mine 2, Engine City, Keelton, Engine-Flussufer, Spiegel des Giganten, Hut des Giganten
43	Kamalm	Wasser Gestein	Route 6, Brückental, Spiegel des Giganten, Hut des Giganten, Sandsturmkessel, Wutan-fall-See(, Kamehaps Level 22
44	Felilou	Unlicht	Route 2, Wipfelscheinwald, Milza-See (Westen), Wachturmruine, Milza-See (Osten), Milotic-See (Noden), Engine-Flussufer
45	Kleoparda	Unlicht	Route 7, Route 9, Milza-See (Auge), Sitz des Giganten, Hut des Giganten, Felilou Level 20
46	Voldi	Elektro	Route 2, Route 4, Engine-Flussufer, Megalithen-Ebene, Spiegel des Giganten
47	Bellektro	Elektro	Engine-Flussufer, Sandsturmkessel, Wutanfall-See, Voldi Level 25

Nr.	Name	Typen	Fundorte und Entwicklung
48	Scoppel	Normal	Wonnewiesen, Wipfelscheinwald, Milza-See (Westen), Milza-See (Osten), Milotic-See - Norden, Hut des Giganten
49	Grebbit	Normal Boden	Milza-See (Auge), Sitz des Giganten, Milotic-See, Brückental, Spiegel des Giganten, Hut des Giganten, Scoppel Level 20
50	Picochilla	Normal	Route 5, Wonnewiesen, Milza-See (Osten), Hut des Giganten
51	Chillabell	Normal	Picochilla Leuchtstein
52	Frubberl	Pflanze	Wonnewiesen, Wipfelscheinwald, Milza-See (Westen), Wachturmruine, Milza-See (Osten), Megalithen-Ebene
53	Frubaila	Pflanze	Milza-See (Auge), Frubberl Level 18
54	Fruyal	Pflanze	Frubaila Level-Up + Attacke Stampfer gelernt
55	Myrapla	Pflanze Gift	Wonnewiesen, Wipfelscheinwald, Wachturmruine, Milza-See (Osten)
56	Duflor	Pflanze Gift	Milza-See (Auge), Milotic-See (Norden), Spiegel des Giganten, Myrapla Level 21
57	Giflor	Pflanze Gift	Duflor Blattstein
58	Blubella	Pflanze	Duflor
59	Knospi	Pflanze Gift	Route 4, Wonnewiesen, Wipfelscheinwald, Milza-See - Westen/Osten, Spiegel des Giganten

Nr.	Name	Typen	Fundorte und Entwicklung
60	Roselia	Pflanze Gift	Milza-See (Auge), Milotic-See (Süden), Spiegel des Giganten, Sandsturmkessel, Knospi Level-Up + Tag + Hohe Freundschaft
61	Roserade	Pflanze Gift	Roselia Leuchtstein
62	Wingull	Wasser Flug	Wonnewiesen, Milza-See (Westen), Wachturmruine, Milza-See (Osten), Milotic-See (Süden), Milotic-See (Norden)
63	Pelipper	Wasser Flug	Route 9, Milza-See (Auge), Claw-Plateau, Sandsturmkessel, Wutanfall-See, Wingull Level 25
64	Wattzapf	Käfer Elektro	Wonnewiesen, Wipfelscheinwald, Milza-See (Westen/Osten), Milotic-See (Norden/ Süden), Hut/Spiegel des Giganten
65	Voltula	Käfer Elektro	Route 7, Wutanfall-See, Wattzapf Level 36
66	Frizelbliz	Elektro	Route 4, Wonnewiesen, Wipfelscheinwald, Milza-See (Westen/Osten), Wachturmruine, Sitz/Spiegel des Giganten, Milotic-See (Süden), Sandsturmkessel
67	Voltenso	Elektro	Milza-See (Auge), Hut/Sitz des Giganten, Frizelbliz Level 26
68	Vulpix	Feuer	Route 3, Wonnewiesen, Wipfelscheinwald, Milza-See (Westen/Osten), Wachturmruine, Sitz des Giganten, Milotic-See (Norden/Süden),
69	Vulnona	Feuer	Wutanfall-See, Vulpix Feuerstein
70	Fukano	Feuer	Spiegel des Giganten, Sandsturmkessel, Claw-Plateau
71	Arkani	Feuer	Fukano Feuerstein

Nr.	Name	Typen	Fundorte und Entwicklung
72	Gelatini	Eis	(Für alle außer Claw-Plateau: ,) Wonnewiesen, Wipfelscheinwald, Milza-See (Westen/Osten), Milotic-See (Süden/Norden), Engine-Flussufer, Brückental, Hut/Spiegel des Giganten, Sandsturmkessel, Wutanfall-See, Claw-Plateau
73	Gelatroppo	Eis	Route 8, Route 10, Milza-See (Auge) , Spiegel des Giganten , Sandsturmkessel , Gelatini Level 35
74	Gelatwino	Eis	Route 10, Wutanfall-See , Gelatwino Level 47
75	Quiekel	Eis Boden	Wonnewiesen , Sitz/Spiegel des Giganten , Claw-Plateau
76	Keifel	Eis Boden	Sandsturmkessel , Wutanfall-See , Quiekel Level 33
77	Mamutel	Eis Boden	Keifel Level-Up + Attacke Antik-Kraft gelernt
78	Botogel	Eis Flug	Route 8, Wipfelscheinwald , Milza-See (Westen/Auge) , Wachturmruine , Hut/Sitz des Giganten , Milotic-See (Norden) , Sandsturmkessel , Spiegel des Giganten , Wonnewiesen , Milotic-See
79	Schneppke	Eis	Route 8, Wonnewiesen , Milza-See (Westen) , Milotic-See (Süden) , Bei : Wipfelscheinwald , Wachturmruine , Milza-See (Osten) , Sitz/Hut des Giganten , Milotic-See (Norden/Süden) , Claw-Plateau
80	Firnontor	Eis	Route 10, Wutanfall-See , Schneppke Level 42
81	Frosdedje	Eis Geist	Schneppke Funkelstein (nur wenn weiblich)

Nr.	Name	Typen	Fundorte und Entwicklung
82	Puppance	Boden Psycho	Milza-See (Osten/Auge), Hut des Giganten, Claw-Plateau, Megalithen-Ebene, Wonnewiesen, Wipfelscheinwald, Milza-See (Westen), Milotic-See (Norden/Süden), Brückental
83	Lepumentas	Boden Psycho	Milza-See (Auge), Wutanfall-See, Puppance Level 36
84	Pampuli	Boden	Route 3, Wonnewiesen, Wipfelscheinwald, Milza-See (Westen), Milza-See (Osten), Sitz des Giganten, Milotic-See (Süden), Milotic-See (Norden), Hut des Giganten
85	Pampross	Boden	Sitz des Giganten, Milza-See (Auge), Sandsturmkessel, Pampuli Level 30
86	Lithomith	Käfer Gestein	Wonnewiesen, Milua-See (Westen), Wachturmruine, Milza-See (Osten), Sitz des Giganten, Milotic-See (Süden), Milotic-See (Norden), Megalithen-Ebene, Claw-Plateau
87	Casellith	Käfer Gestein	Milza-See (Auge), Lithomith Level 34
88	Golbit	Boden Geist	Route 8, Wonnewiesen, Wipfelscheinwald, Wachturmruine, Sitz des Giganten, Milotic-See (Norden), Megalithen-Ebene, Hut des Giganten
89	Golgantes	Boden Geist	Wutanfall-See, Golbit Level 43
90	Somniam	Psycho	Wonnewiesen, Milza-See (Osten/Auge), Sitz des Giganten, Brückental, Megalithen-Ebene, Hut des Giganten
91	Somnivora	Psycho	Somniam Mondstein

Nr.	Name	Typen	Fundorte und Entwicklung
92	Natu	Psycho Flug	Wonnewiesen, Milza-See (Westen), Sitz des Giganten, Milotic-See (Norden/Süden), Spiegel des Giganten
93	Xatu	Psycho Flug	Sitz des Giganten, Natu Level 25
94	Velursi	Normal Kampf	Route 5, Wipfelscheinwald, Sitz des Giganten, Milza-See (Osten), Milotic-See (Norden), Brückental, Claw-Plateau
95	Kosturso	Normal Kampf	Sitz des Giganten, Milza-See (Auge), Wutanfall-See, Velursi Level 27
96	Shnebedeck	Pflanze Eis	Route 10, Wipfelscheinwald (), Sandsturmkessel (), Hut des Giganten (), bei und : Wachturmruine, Milza-See (Osten/Auge), Sitz/Spiegel des Giganten, Milotic-See (Norden/Süden)
97	Rexblisar	Pflanze Eis	Route 10, Sandsturmkessel, Wutanfall-See, Shnebedeck Level 40
98	Krabby	Wasser	Milza-See (Westen), Milotic-See (Süden), Hut des Giganten
99	Kingler	Wasser	Route 9, Milza-See (Auge), Krabby Level 28
100	Felino	Wasser Boden	Milza-See (Westen), Sitz des Giganten, Hut des Giganten, Milotic-See (Süden)
101	Morlord	Wasser Boden	Sitz des Giganten, Hut des Giganten, Wutanfall-See, Felino Level 20
102	Krebscorps	Wasser	Milotic-See (Süden) (alle außer und), Galar-Mine 2, Hut des Giganten
103	Krebutack	Wasser Unlicht	Milza-See (Auge), Sitz des Giganten, Krebscorps Level 30

Nr.	Name	Typen	Fundorte und Entwicklung
104	Nincada	Käfer Boden	Route 4, Milza-See (Westen), Milotic-See (Süden)
105	Ninjask	Käfer Flug	Megalithen-Ebene, Nincada Level 20
106	Ninjatom	Käfer Gestein	Nincada zu Ninjatom entwickeln (mind. 1 Platz im Team frei und 1 Pokéball dabei)
107	Rabauz	Kampf	Wonnewiesen, Wipfelscheinwald, Milza-See (Westen), Sitz des Giganten, Megalithen-Ebene
108	Kicklee	Kampf	Spiegel des Giganten, Sandsturmkessel, Rabauz Level 20 (Angriff > Verteidigung)
109	Nockchan	Kampf	Rabauz Level 20 (Verteidigung > Angriff)
110	Kapoera	Kampf	Wutanfall-See, Rabauz Level 20 (Angriff = Verteidigung)
111	Pam-Pam	Kampf	Route 3, Wonnewiesen, Milza-See (Westen), Milza-See (Osten)
112	Pandagro	Kampf Unlicht	Wutanfall-See, Pam-Pam Level 32
113	Klikk	Stahl	Route 3, Claw-Plateau, Wipfelscheinwald, Milza-See (Westen/Auge), Milotic-See (Norden/Süden)
114	Kliklak	Stahl	Route 10, Sandsturmkessel, Klikk Level 38
115	Klikdiklak	Stahl	Wutanfall-See, Kliklak Level 49
116	Wadribie	Käfer Flug	Wonnewiesen
117	Honweisel	Käfer Flug	Wadribie Level 21

Nr.	Name	Typen	Fundorte und Entwicklung
118	Bronzel	Stahl Psycho	Sitz des Giganten, Milotic-See (Süden), Brückental
119	Bronzong	Stahl Psycho	Milza-See (Auge), Sandsturmkessel, Wutanfall-See, Bronzel Level 33
120	Trasla	Psycho Fee	Wonnewiesen, Wipfelscheinwald, Milza-See (Westen), Wachturmruine, Milotic-See (Norden/Süden)
121	Kirlia	Psycho Fee	Trasla Level 20
122	Guardevoir	Psycho Fee	Sandsturmkessel, Wutanfall-See, Kirlia Level 30
123	Galagladi	Psycho Kampf	Kirlia mit Funkelstein (nur wenn männlich)
124	Driftlon	Geist Flug	Route 5, Wachturmruine, Milotic-See (Süden), Milotic-See (Norden) (alle außer)
125	Drifzepeli	Geist Flug	Milza-See (Auge), Driftlon Level 28
126	Cottini	Pflanze	Route 2 (See), Route 3, Engine-Flussufer
127	Cottomi	Pflanze	Engine-Flussufer, Megalithen-Ebene, Sandsturmkessel, Hut des Giganten, Cottini Level 20
128	Kikugi	Pflanze	Route 3, Wonnewiesen, Wipfelscheinwald, Wachturmruine, Milza-See (Auge), Sitz/Hut/Spiegel des Giganten, Milotic-See (Norden), Engine-Flussufer, Brückental, Claw-Plateau, Wutanfall-See
129	Kinoso	Pflanze	Kikugi Level 25

Nr.	Name	Typen	Fundorte und Entwicklung
130	Skunkapuh	Gift Unlicht	Route 3, Wipfelscheinwald, Milotic-See (Süden), Milotic-See (Norden), Hut des Giganten
131	Skuntank	Gift Unlicht	Sandsturmkessel, Wutanfall-See, Skunkapuh Level 34
132	Schallquap	Wasser	Wipfelscheinwald, Milza-See (Westen) (alle außer und), Wachturmruine, Milotic-See (Süden), Milotic-See (Norden)
133	Mebrana	Wasser Boden	Sitz des Giganten, Milotic-See (Norden), Brückental, Spiegel des Giganten, Sandsturmkessel, Hut des Giganten, Claw-Plateau, Schallquap Level 26
134	Branawarz	Wasser Boden	Milza-See (Auge), Wutanfall-See, Mebrana Level 36
135	Zwirrlicht	Geist Flug	Route 6, Wachturmruine, Hut/Sitz des Giganten, Engine-Flussufer, Sandsturmkessel
136	Zwirrklop	Geist Flug	Zwirrlicht Level 37
137	Zwirrfinst	Geist Flug	Zwirrklop Tausch mit Düsterumhang
138	Machollo	Kampf	Wachturmruine, Sitz des Giganten, Milotic-See (Süden), Milotic-See (Norden), Megalithen-Ebene, Spiegel des Giganten
139	Maschock	Kampf	Milza-See (Auge), Sitz des Giganten, Megalithen-Ebene, Claw-Plateau (alle außer und), Machollo Level 28
140	Machomei	Kampf	Maschock Tausch
141	Nebulak	Geist Gift	Wachturmruine, Sitz des Giganten, Milotic-See (Norden), Claw-Plateau

Nr.	Name	Typen	Fundorte und Entwicklung
142	Alpollo	Geist Gift	Sitz des Giganten, Nebulak Level 20
143	Gengar	Geist Gift	Alpollo Tausch
144	Karpador	Wasser	Route 2, 4, 5, 6, Schlummerwald, Engine City, Milza-See (Westen/Auge), Milotic-See (Süden/Norden), Brückental
145	Garados	Wasser Flug	Route 2 (See), Milza-See (Auge), Hut/Spiegel/Sitz des Giganten, Brückental, Sandsturmkessel, Wutanfall-See, Karpador Level 20
146	Goldini	Wasser	Route 4, 5, 6, Milza-See (Westen/Osten) (alle außer), Milotic-See (Norden), Milotic-See (Süden), Brückental, Hut des Giganten
147	Golking	Wasser	Goldini Level 33
148	Remoraid	Wasser	Route 9, Milza-See (Westen) (alle außer und), Milotic-See (Süden)
149	Octillery	Wasser	Milza-See (Auge), Remoraid Level 25
150	Muschas	Wasser	Milza-See (Westen), Milza-See (Osten), Sitz des Giganten
151	Austos	Wasser Eis	Sitz des Giganten, Muschas Wasserstein
152	Barschwa	Wasser	Route 2 - Insel
153	Milotic	Wasser	Barschwa Tausch mit Schönschuppe
154	Barschuft rot	Wasser	Keelton, Milotic-See (Norden), Engine-Flussufer

Nr.	Name	Typen	Fundorte und Entwicklung
154	Barschuft blau	Wasser	Keelton, Milotic-See (Norden), Engine-Flussufer
155	Lusardin	Wasser	Keelton, Route 9, Milza-See (Westen/Osten/Auge)
156	Gufa	Wasser	Route 9, Sitz des Giganten, Milotic-See (Süden)
157	Unratütox	Gift	Route 3
158	Deponitox	Gift	Wutanfall-See, Unratütox Level 36
159	Thermopod	Feuer Käfer	Route 3
160	Infernopod	Feuer Käfer	Thermopod Level 28
161	Klonkett	Gestein	Route 3, Galar-Mine 1, Engine-Flussufer, Hut des Giganten
162	Wagong	Gestein Feuer	Brückental, Megalithen-Ebene, Hut des Giganten, Klonkett Level 18
163	Montecarbo	Gestein Feuer	Sandsturmkessel, Wutanfall-See, Wagong Level 34
164	Digda	Boden	Wonnewiesen, Spiegel des Giganten
165	Digdri	Boden	Route 6, Spiegel des Giganten, Sandsturmkessel, Hut des Giganten, Claw-Plateau, Wutanfall-See, Diga Level 26
166	Rotomurf	Boden	Galar-Mine 1, Claw-Plateau ( ), bei und : Megalithen-Ebene, Spiegel/Hut des Giganten, Sandsturmkessel
167	Stalobor	Boden Stahl	Spiegel des Giganten, Wutanfall-See, Rotomurf Level 31

Nr.	Name	Typen	Fundorte und Entwicklung
168	Kiesling	Gestein	Galar-Mine 1, Wonnewiesen, Megalithen-Ebene
169	Sedimantur	Gestein	Route 7, Megalithen-Ebene, Hut/Spiegel des Giganten, Wutanfall-See, Kiesling Level 25
170	Brockoloss	Gestein	Sedimantur Tausch
171	Praktibalk	Kampf	Galar-Mine 1
172	Strepoli	Kampf	Route 7, Megalithen-Ebene, Sandsturmkessel, Praktibalk Level 25
173	Meistagriff	Kampf	Strepoli Tausch
174	Fleknoil	Psycho Flug	Galar-Mine 1, Wachturmruine, Brückental, Spiegel des Giganten
175	Fletiamo	Psycho Flug	Fleknoil Level-Up + Hohe Freundschaft
176	eF-eM	Flug Drache	Galar-Mine 2, Wachturmruine, Brückental
177	UHaFnir	Flug Drache	Wutanfall-See, eF-eM Level 48
178	Onix	Gestein Boden	Sitz des Giganten, Milza-See (Osten), Engine-Flussufer
179	Stahlos	Boden Stahl	Onix Tausch mit Metallmantel
180	Pikuda	Wasser	Route 2, Route 2 - Insel, Keelton, Engine-Flussufer
181	Barrakiefa	Wasser	Route 2 - Insel, Engine-Flussufer, Sandsturmkessel, Wutanfall-See, Pikuda Level 26
182	Mauzi	Normal	Kanto-Form: Tausch in Turffield, Galar-Form: Route 4

Nr.	Name	Typen	Fundorte und Entwicklung
183	Mauzinger	Stahl	Mauzi Level 28 (Kanto-Form)
184	Snobilikat	Normal	Mauzi Level 28 (Galar-Form)
185	Hokumil	Fee	Spiegel des Giganten, Brückental, Route 4
186	Pokusan	Fee	Hokumil je nach Zucker-Item und Rührtechnik
187	Wommel	Käfer Fee	Route 4, Spiegel des Giganten, Engine-Flussufer (, , ,), Brückental
188	Bandelby	Käfer Fee	Brückental, Engine-Flussufer, Megalithen-Ebene
189	Kastadur	Pflanze Stahl	Route 4, Megalithen-Ebene, Engine-Flussufer, Brückental
190	Tentantel	Pflanze Stahl	Brückental, Sandsturmkessel, Kastadur Level 40
191	Irrbis	Geist Pflanze	Route 4, Spiegel des Giganten, Claw-Plateau
192	Pumpdjinn	Geist Pflanze	Claw-Plateau, Irrbis Tausch
193	Pichu	Elektro	-
194	Pikachu	Elektro	Route 4, Wonnewiesen, Megalithen-Ebene ()
195	Raichu	Elektro	Pikachu Donnerstein
196	Evoli	Normal	Route 4
197	Aquana	Wasser	Wutanfall-See, Evoli Wasserstein

Nr.	Name	Typen	Fundorte und Entwicklung
198	Blitza	Elektro	Wutanfall-See, Evoli ☆ Donnerstein
199	Flamara	Feuer	Wutanfall-See, Evoli ☆ Feuerstein
200	Psiana	Psycho	Wutanfall-See, Evoli ☆ Level-Up bei Tag + Hohe Freundschaft + Keine Fee-Attacke gelernt
201	Nachtara	Unlicht	Wutanfall-See, Evoli ☆ Level-Up bei Nacht + Hohe Freundschaft + Keine Fee-Attacke gelernt
202	Folipurba	Pflanze	Wutanfall-See, Evoli ☆ Blattstein
203	Glaziola	Eis	Wutanfall-See, Evoli ☆ Eisstein
204	Feelinara	Fee	Wutanfall-See, Evoli ☆ Level-Up + Hohe Freundschaft + Attacke vom Typ Fee gelernt
205	Knapfel	Pflanze Drache	Route 5, Spiegel des Giganten
206	Drapfel	Pflanze Drache	Knapfel ☆ Saurer Apfel
207	Schlapfel	Pflanze Drache	Knapfel ☆ Süßer Apfel
208	Psiau	Psycho	Route 5, Engine-Flussufer, Claw-Plateau (alle außer und)
209	Psiaugon	Psycho	Route 7, Sandsturmkessel ()
210	Flauschling	Fee	Wirrschein-Wald, Route 5, Spiegel des Giganten, Megalithen-Ebene
211	Sabbaione	Fee	Flauschling ☆ Tausch mit Sahnehäubchen
212	Parfi	Fee	Wirrschein-Wald, Route 5, Spiegel des Giganten

Nr.	Name	Typen	Fundorte und Entwicklung
213	Parfinesse	Fee	Parfi Tausch mit Duftbeutel
214	Araqua	Wasser Käfer	Route 5, Megalithen-Ebene , Engine-Flussufer
215	Aranestro	Wasser Käfer	Megalithen-Ebene , Wutanfall-See , Araqua Level 22
216	Isso	Psycho	Züchten aus Woingenau mit Laxrauch
217	Woingenau	Psycho	Route 5, Wutanfall-See , Sandsturmkessel , Engine-Flussufer , Claw-Plateau (alle außer), Brückental
218	Porenta	Normal Flug	Route 5, Spiegel des Giganten
219	Lauchzelot	Kampf	Porenta Drei Volltreffer in einem Kampf landen
220	Lampi	Wasser Elektro	Spiegel des Giganten, Milza-See (Westen/Osten), Keelton
221	Lanturn	Wasser Elektro	Wutanfall-See, Sandsturmkessel, Brückental, Lamp Level 27
222	Glibunkel	Gift Kampf	Sandsturmkessel , Brückental , Hut des Giganten , Galar-Mine 2, Engine-Ortsrand
223	Toxiquak	Gift Kampf	Glibunkel Level 37
224	Zurrokex	Unlicht Kampf	Sandsturmkessel , Megalithen-Ebene , Hut des Giganten , Hut des Giganten , Galar-Mine 2, Engine-Ortsrand
225	Irokex	Unlicht Kampf	Zurrokex Level 39

Nr.	Name	Typen	Fundorte und Entwicklung
226	Flunschlik	Elektro Boden	Schlummerwald, Galar-Mine 2, Wutanfall-See, Sandsturmkessel
227	Pottrott	Käfer Gestein	Wachturmruine, Sandsturmkessel, Megalithen-Ebene, Hut des Giganten
228	Schmerbe	Boden Wasser	Schlummerwald, Galar-Mine 2, Engine City, Milotic-See (Norden/Süden), Megalithen-Ebene
229	Welsar	Boden Wasser	Schlummerwald, Schmerbe Level 30
230	Schalellos	Wasser	Galar-Mine 2, Engine-Flussufer, Brückental, Spiegel des Giganten, Sandsturmkessel, Megalithen-Ebene, Hut des Giganten
231	Gastrodon	Wasser Boden	Galar-Mine 2, Route 9, Sandsturmkessel, Spiegel des Giganten, Schalellos Level 30
232	Reißlaus	Käfer Wasser	Galar-Mine 2, Spiegel des Giganten, Engine-Flussufer, Claw-Plateau, Brückental
233	Tectass	Käfer Wasser	Hut des Giganten, Brückental, Wutanfall-See, Reißlaus Level 30
234	Bithora	Gestein Wasser	Galar-Mine 2, Engine-Flussufer, Brückental
235	Thanathora	Gestein Wasser	Route 9 , Sandsturmkessel, Wutanfall-See
236	Corasonn	Wasser Gestein	Spiegel des Giganten
237	Gorgasonn	Geist	Corasonn Level 38
238	Bähmon	Unlicht Fee	Spiegel des Giganten, Megalithen-Ebene (alles außer), Claw-Plateau, Engine-Ortsrand
239	Pelzebub	Unlicht Fee	Wirrschein-Wald, Bähmon Level 32

Nr.	Name	Typen	Fundorte und Entwicklung
240	Olangaar	Unlicht Fee	Wutanfall-See, Megalithen-Ebene (nach Championsieg), Pelzebub Level 42
241	Brimova	Psycho	Engine-Ortsrand, Megalithen-Ebene, Claw-Plateau
242	Brimano	Psycho	Wirrschein-Wald, Sandsturmkessel (alle außer und), Brimova Level 32
243	Silembrim	Psycho Fee	Wutanfall-See (nach Championsieg bei jedem Wetter), Brimano Level 42
244	Molunk	Gift Feuer	Megalithen-Ebene, Engine-Flussufer (nur in Schild), Engine-Ortsrand (nur in Schild)
245	Amfira	Gift Feuer	Molunk Level 33 (nur wenn weiblich)
246	Gladiantri	Unlicht Stahl	Route 8, Engine-Ortsrand, Engine-Flussufer, Hut/Spiegel des Giganten, Megalithen-Ebene
247	Caesurio	Unlicht Stahl	Engine-Flussufer, Wutanfall-See, Sitz des Giganten, Gladiantri Level 52
248	Jiutesto	Kampf	Route 8 , Engine-Ortsrand, Engine-Flussufer, Spiegel des Giganten, Brückental
249	Karadonis	Kampf	Route 8 , Engine-Ortsrand, Engine-Flussufer, Spiegel des Giganten, Brückental
250	Smogon	Gift	Engine-Ortsrand, Engine-Flussufer, Sandsturmkessel, Spiegel des Giganten
251	Smogmog	Gift	Milza-See (Osten) (nach Championsieg), Wutanfall-See, Schlummerwald, Smogon Level 35
252	Mobai	Gestein	Megalithen-Ebene, Brückental
253	Mogelbaum	Gestein	Sandsturmkessel, Engine-Ortsrand, Engine-Flussufer, Claw-Plateau, Brückental

Nr.	Name	Typen	Fundorte und Entwicklung
254	Pii	Fee	Züchten aus Piepi/Pixi
255	Piepi	Fee	Hut des Giganten, Engine-Flussufer, Pii Hohe Freundschaft + Level-Up
256	Pixi	Fee	Engine-Flussufer, Piepi Mondstein
257	Togepi	Fee	Brückental
258	Togetic	Fee Flug	Megalithen-Ebene, Togepi Level-Up + Hohe Freundschaft
259	Togekiss	Fee Flug	Sandsturmkessel, Togetic Leuchtstein
260	Mampfaxo	Normal	Engine-Flussufer
261	Relaxo	Normal	Engine-Flussufer (alle außer), Mampfaxo Hohe Freundschaft + Level-Up
262	Waumboll	Pflanze Fee	Megalithen-Ebene
263	Elfun	Pflanze Fee	Waumboll Sonnenstein
264	Rihorn	Boden Gestein	Züchten aus Rizeros/Rihornior
265	Rizeros	Boden Gestein	Route 8, Route 10, Brückental, Engine-Flussufer, Sitz des Giganten, Sandsturm-kessel, Wutantall-See, Spiegel des Giganten, Hut des Giganten, Megalithen-Ebene, Rihorn Level 42
266	Rihornior	Boden Gestein	Rizeros Tausch mit Schützer
267	Mollimorba	Psycho	Hut des Giganten

Nr.	Name	Typen	Fundorte und Entwicklung
268	Hypnomorba	Psycho	Sandsturmkessel, Hut des Giganten, Mollimorba Level 32
269	Morbitesse	Psycho	Wutanfall-See, Hypnomorba Level 41
270	Monozyto	Psycho	Hut des Giganten
271	Mitodos	Psycho	Sandsturmkessel, Mitodos Level 32
272	Zytomega	Psycho	Wutanfall-See, Mitodos Entwicklung Level 41
273	Laukaps	Käfer	Route 7, Hut des Giganten, Engine-Flussufer, Claw-Plateau, Brückental
274	Cavalanzas	Käfer Stahl	Laukaps Tausch gegen Schnuthelm
275	Schnuthelm	Käfer	Route 7, Hut des Giganten, Engine-Flussufer, Claw-Plateau, Brückental
276	Hydragil	Käfer	Schnuthelm Tausch gegen Laukaps
277	Pygraulon	Psycho	Engine-Flussufer, Brückental
278	Megalon	Psycho	Brückental, Pygraulon Level 42
279	Petznief	Eis	Spiegel des Giganten, Sandsturmkessel, Megalithen-Ebene, Claw-Plateau, Brückental, Route 10
280	Siberio	Eis	Route 10, Brückental, Hut des Giganten, Petznief Level 37
281	Geronimatz	Normal Flug	Megalithen-Ebene, Brückental

Nr.	Name	Typen	Fundorte und Entwicklung
282	Washakwil	Normal Flug	Wutanfall-See, Sandsturmkessel, Geronimatz Level 54
283	Skallyk	Unlicht Flug	Route 8, Megalithen-Ebene, Brückental
284	Grypheldis	Unlicht Flug	Wutanfall-See, Skallyk Level 54
285	Pionskora	Gift Käfer	Route 6, Engine-Flussufer, Spiegel des Giganten
286	Piondragi	Gift Unlicht	Route 8, Wutanfall-See, Engine-Flussufer, Brückental, Pionskora Level 40
287	Lichtel	Geist Feuer	Engine-Flussufer, Brückental
288	Laternecto	Geist Feuer	Wutanfall-See, Lichtel Level 41
289	Skelabra	Geist Feuer	Wutanfall-See, Laternecto Finsterstein
290	Iscalar	Unlicht Psycho	Route 7, Route 9, Claw-Plateau, Brückental
291	Calamanero	Unlicht Psycho	Iscalar Level 30
292	Sniebel	Unlicht Eis	Route 8, Route 10, Sandsturmkessel, Megalithen-Ebene, Hut des Giganten, Engine-Flussufer, Claw-Plateau, Brückental
293	Snibunna	Unlicht Eis	Brückental, Sniebel Level-Up bei Nacht + Scharfklaue tragend
294	Zobiris	Unlicht Geist	Sandsturmkessel
295	Flunkifer	Stahl Fee	Sandsturmkessel Schneesturm, Brückental

Nr.	Name	Typen	Fundorte und Entwicklung
296	Maracamba	Pflanze	Route 6, Megalithen-Ebene ☀, Claw-Plateau ☀, Brückental ☀
297	Symvolara	Psycho Flug	Wutanfall-See, Megalithen-Ebene Alle außer, Sandsturmkessel Alle außer &, Engine-Flussufer
298	Riolu	Kampf	Hut des Giganten
299	Lucario	Kampf Stahl	Milotic-See (Norden), Riolu Level-Up + Hohe Freundschaft
300	Qurtel	Feuer	Route 6, Hut des Giganten ☀, Spiegel des Giganten ☀, Engine-Flussufer ☀
301	Mimigma	Geist Fee	Brückental, Spiegel des Giganten
302	Kupfanti	Stahl	Brückental ☀
303	Patinaraja	Stahl	Wutanfall-See, Claw-Plateau Alle nach Championkampf. Kupfanti Level 34
304	Baldorfish	Wasser Gift	Route 9, Wutanfall-See, Sandsturmkessel, Brückental
305	Quabbel	Wasser Geist	Spiegel des Giganten, Sandsturm-Kessel, Milza-See (Westen), Milza See (Osten) AUßER &, Milotic-See (Norden), Brückental
306	Apoquallyp	Wasser Geist	Wutanfall-See ☀, Brückental,Route 9, Quabbel Level 40
307	Garstella	Gift Wasser	Route 9, Spiegel des Giganten, Engine-Flussufer
308	Aggrostella	Gift Wasser	Route 9, Garstella ENTWICKLUNG Level 38
309	Urgl	Flug Wasser	Route 9, Milza See (Auge), Megalithen-Ebene, Brückental, Wutanfall-See,

Nr.	Name	Typen	Fundorte und Entwicklung
310	Toxel	Gift Elektro	Route 7, Megalithen-Ebene, Hut des Giganten, Engine-Flussufer, Claw-Plateau, Brückental
311	Riffex	Gift Elektro	Toxel Level 30
312	Salanga	Boden	Route 6
313	Sanaconda	Boden	Route 8, Sandsturm-Kessel, Wutanfall-See, Salanga Level 36
314	Hippopotas	Boden	Route 6, Sandsturm-Kessel
315	Hippoterus	Boden	Route 8, Wutanfall-See, Spiegel des Giganten, Hippopotas Level 34
316	Fermicula	Käfer Stahl	Route 6, Wutanfall-See, Spiegel des Giganten
317	Furnifraß	Feuer	Route 6, Wutanfall-See, Spiegel des Giganten
318	Eguana	Elektro Normal	Route 6, Spiegel des Giganten
319	Elezard	Elektro Normal	Eguana Sonnenstein
320	Resladero	Kampf Flug	Route 6, Claw-Plateau
321	Knacklion	Boden	Route 6, Claw-Plateau
322	Vibrava	Boden Drache	Knacklion Level 35
323	Libelldra	Boden Drache	Sandsturm-Kessel, Wutanfall-See, Vibrava Level 45

Nr.	Name	Typen	Fundorte und Entwicklung
324	Milza	Drache	Route 6, Milza See (Auge), Claw-Plateau
325	Sharfax	Drache	Milza Level 38
326	Maxax	Drache	Wutanfall-See, Milza See (Auge), Sharfax Level 48
327	Makabaja	Geist	Galarform: Route 6 Kanto:Tausch in Fairballey
328	Oghnatoll	Geist Boden	Galar-Makabaja muss mind. 49 Schaden erlitten haben bei Steinskulptur in Sandsturmkessel
329	Echnatoll	Geist	Makabaja Level 34
330	Gramokles	Stahl Geist	Claw-Plateau
331	Duokles	Stahl Geist	Wutanfall-See, Hut des Giganten, Gramokles Level 35
332	Durengard	Stahl Geist	Hut des Giganten, Duokles Finsterstein
333	Ponita	Feuer	Wirrschein-Wald
334	Gallopa	Feuer	Ponita Level 40
335	Fatalitee	Geist	Wirrschein-Wald
336	Mortipot	Geist	Fatalitee rissige oder löchrige Kanne
337	Servol ♂	Psycho Normal	Wutanfall-See, Wirrschein-Wald
337	Servol ♀	Psycho Normal	Wutanfall-See, Wirrschein-Wald

Nr.	Name	Typen	Fundorte und Entwicklung
338	Paragoni	Geist Pflanze	Wirrschein-Wald
339	Trombork	Geist Pflanze	Paragoni durch Tausch
340	Bubungus	Pflanze Fee	Spiegel des Giganten, Claw-Plateau Nebel
341	Lamellux	Pflanze Fee	Wutanfall-See, Wirrschein-Wald, Bubungus Level 24
342	Kommandutan	Normal Psycho	Wirrschein-Wald
343	Quartermak	Kampf	Wirrschein-Wald
344	Morpeko	Elektro Unlicht	Wutanfall-See, Route 7, Route 9
345	Legios	Kampf	Wutanfall-See, Route 8
346	Sen-Long	Normal Drache	Wutanfall-See
347	Tortunator	Feuer Drache	Wutanfall-See
348	Togedemaru	Elektro Stahl	Wutanfall-See, Route 8
349	Snomnom	Eis Käfer	Wutanfall-See, Route 8, Route 10
350	Mottineva	Eis Käfer	Snomnom Level Up bei Nacht bei mind. 220 Zuneigung
351	Klopptopus	Kampf	Route 9
352	Kaocto	Kampf	Wutanfall-See, Route 9, Klopptopus Level-Up + Attacke Verhöhner gelernt

Nr.	Name	Typen	Fundorte und Entwicklung
353	Britzigel	Elektro	Route 9
354	Mantirps	Wasser	Wutanfall-See, Engine-Flussufer, Route 9
355	Mantax	Wasser Flug	Wutanfall-See, Route 9, Mantirps Level-Up + Remoraid im Team
356	Wailmer	Wasser	Engine-Flussufer, Route 9
357	Wailord	Wasser	Route 9, Wailmer Level 40
358	Arktip	Eis	Wutanfall-See, Route 9
359	Arkitlas	Eis	Wutanfall-See, Arktip Level 37
360	Moruda	Geist Pflanze	Route 9
361	Lapras	Wasser Eis	Wutanfall-See, Route 2, Route 9
362	Lunastein	Gestein Psycho	Hut des Giganten , Route 8
363	Sonnfel	Gestein Psycho	Hut des Giganten , Route 8
364	Pantimimi	Psycho	Wonnewiesen
365	Pantimos	Psycho Fee	Wutanfall-See, Route 10, Tausch in Spikeford, Pantimimi Level-Up + Mimikry gelernt
366	Pantifrost	Psycho Eis	Pantimos Level 42
367	Flampion	Feuer	Route 8, Route 10

Nr.	Name	Typen	Fundorte und Entwicklung
368	Flampivian	Feuer	Flampion ✩ Eisstein
369	Humanolith	Gestein	Wutanfall-See, Route 10
370	Kubuin	Eis	Wutanfall-See, Route 10
371	Duraludon	Stahl Drache	Sitz des Giganten (nach Championsieg), Wutanfallsee, Route 10
372	Rotomurf	Elektro Geist	Wutanfall-See
373	Ditto	Normal	Wutanfall-See
374	Lectragon	Elektro Drache	Von Petra Fakt auf Route 6 aus Drachenfossil + Paddelfossil
375	Lecryodon	Elektro Eis	Von Petra Fakt auf Route 6 aus Vogelfossil + Paddelfossil
376	Pescragon	Wasser Drache	Von Petra Fakt auf Route 6 aus Drachenfossil + Fischfossil
377	Pescryodon	Wasser Eis	Von Petra Fakt auf Route 6 aus Vogelfossil + Fischfossil
378	Glumanda	Feuer	Nach Championsieg in Furlongham, Hops Haus
379	Glutexo	Feuer	Glumanda ✩ Level 16
380	Glurak	Feuer Flug	Glutexo ✩ Level 36
381	Typ:Null	Normal	Geschenk im Duellturm
382	Amigento	Normal	Typ:Null ✩ Level-Up + Hohe Freundschaft

Nr.	Name	Typen	Fundorte und Entwicklung
383	Larvitar	Gestein Boden	Wutanfall-See
384	Pupitar	Gestein Boden	Wutanfall-See, Larvitar Level 30
385	Despotar	Gestein Unlicht	Sandsturmkessel, Pupitar Level 55
386	Kapuno	Unlicht Drache	Wutanfall-See
387	Duodino	Unlicht Drache	Wutanfall-See, Kapuno Level 50
388	Trikephalo	Unlicht Drache	Duodina Level 64
389	Viscora	Drache	Wutanfall-See
390	Viscargot	Drache	Wutanfall-See, Viscora Level 40
391	Viscogon	Drache	Viscargot Level 50
392	Miniras	Drache	Wutanfall-See
393	Mediras	Drache Kampf	Wutanfall-See, Miniras Level 35
394	Grandiras	Drache Kampf	Sandsturmkessel, Mediras Level 45
395	Grolldra	Drache Geist	Wutanfall-See
396	Phandra	Drache Geist	Wutanfall-See, Grolldra Level 50
397	Katapuldra	Drache Geist	Phandra Level 60

Nr.	Name	Typen	Fundorte und Entwicklung
398	Zacian	Fee Stahl	Energiewerk - nach der Arena-Challenge
399	Zamazenta	Kampf Stahl	Energiewerk - nach der Arena-Challenge
400	Endynalos	Gift Drache	Energie-Werk - vor der Arena-Challenge

Entwicklungsitem	Fundort
Blattstein	Brückental - Zufällig von den Buddel-Brüdern Turffield - In der Nähe von drei Steingemälden versteckt Wutanfall-See - Auf der kleinen Insel versteckt hinter großen Stein
Donnerstein	Brückental - Zufällig von den Buddel-Brüdern Milotic-See (Norden) - Auf der Anhöhe im Osten Wutanfall-See - Auf der kleinen Insel versteckt hinter großen Stein
Duftbeutel	Claw City - Mittleres Pokémon Center (GP-Laden)
Düsterumhang	Claw City - Versteckt, wo das Mädchen euch einen Brief für Frank gegeben hat. Erst nach Übergabe des Briefs an Frank. Claw City - Mittleres Pokémon Center (GP-Laden) Passbeck Raritätenstand
Eisstein	Route 9 - Über Anglerin Sabine linke Einbuchtung (Circhester Bucht) versteckt Brückental - Zufällig von den Buddel-Brüdern Wutanfall-See - Auf der kleinen Insel versteckt hinter großen Stein

Entwicklungsitem	Fundort
Feuerstein	Brückental - Zufällig von den Buddel-Brüdern Engine-Flussufer - An der westlichen Wand in einer kleinen Einkerbung Wutanfall-See - Auf der kleinen Insel versteckt hinter großen Stein
Finsterstein	Brückental - Zufällig von den Buddel-Brüdern Passbeck - Hinter Pokémon Center versteckt Wutanfall-See - Auf der kleinen Insel versteckt hinter großen Stein
Funkelstein	Brückental - Zufällig von den Buddel-Brüdern Hut des Giganten - Unter einem Beerenbaum an der Wand Wutanfall-See - Auf der kleinen Insel versteckt hinter großen Stein
King-Stein	Route 8 - Kleine Kammer bei Musiker Julien
Leuchtstein	Route 8 - Die rechte Treppe neben Ärztin Romina hoch, dann nach rechts unten Brückental - Zufällig von den Buddel-Brüdern Wutanfall-See - Auf der kleinen Insel versteckt hinter großen Stein
Löchrige Kanne	Passbeck Raritätenstand
Metallmantel	Passbeck - Versteckt neben einer Vase nahe Fundort von TM74 Passbeck Raritätenstand
Mondstein	Brückental - Zufällig von den Buddel-Brüdern Sandsturmkessel - Am nord-östlichen Ausgang des Gebiets rechts neben einem Stein hinter Gras
Rissige Kanne	Passbeck - Auf einem Dach: Vor der Steintreppe zur Arena die Leiter rechts hochklettern Passbeck Raritätenstand

Entwicklungsitem	Fundort
Sonnenstein	Brückental - Zufällig von den Buddel-Brüdern Sandsturmkessel - Hinter großen Felsen im Norden
Sahnehäubchen	Claw City - Mittleres Pokémon Center (GP-Laden) Claw City - Nach Kampf gegen Barista Alister Engine City - Nach Kampf gegen Barista Jim Score City - Nach Kampf gegen Barista Aidan
Saurer Apfel	Claw City - Nur Schwert: Tauscht ein Applin gegen ein Item mit einem Jungen links in der Stadt, in der Nähe von Gras, versteckt Milza-See (Auge) - Nur Schwert: Versteckt unter einem Baum in der Mitte der Insel
Scharfklaue	Claw City - Mittleres Pokémon Center (GP-Laden) Passbeck Raritätenstand Sandsturmkessel - Auf der Insel im Nord-Westen versteckt
Schönschuppe	Milotic-See (Süden) - Im See an der östlichen Wand
Schützer	Route 9 - Circhester Bucht Schild bei Schwimmer Colin Claw City - Mittleres Pokémon Center (GP-Laden) Passbeck Raritätenstand
Süßer Apfel	Claw City - Nur Schild: Tauscht ein Applin gegen ein Item mit einem Jungen links in der Stadt, in der Nähe von Gras, versteckt Milza-See (Auge) - Nur Schild: Unter einem Baum in der Mitte der Insel versteckt

Entwicklungsitem	Fundort
Wasserstein	Brückental - Im Westen an der Wand der Brücke in einer Sackgasse versteckt Brückental - Zufällig von den Buddel-Brüdern Route 2 - Über der Brücke, wenn man im Süden des Sees einem Flussarm folgt Wutanfall-See - Auf der kleinen Insel versteckt hinter großen Stein
Zucker-Beere	Claw City - Nach dem Kampf gegen Barista Alister Engine City - Nach dem Kampf gegen Barista Jim Score City - Nach dem Kampf gegen Barista Aidan
Zucker-Blume	Claw City - Nach dem Kampf gegen Barista Alister Engine City - Nach dem Kampf gegen Barista Jim Score City - Nach dem Kampf gegen Barista Aidan
Zucker-Erdbeere	Claw City - Nahe der Pokémon Statue beim Bahnhof Claw City - Nach dem Kampf gegen Barista Alister Engine City - Nach dem Kampf gegen Barista Jim Score City - Nach dem Kampf gegen Barista Aidan
Zucker-Herz	Claw City - Nach dem Kampf gegen Barista Alister Engine City - Nach dem Kampf gegen Barista Jim Score City - Nach dem Kampf gegen Barista Aidan
Zucker-Kleeblatt	Claw City - Nach dem Kampf gegen Barista Alister Engine City - Nach dem Kampf gegen Barista Jim Score City - Nach dem Kampf gegen Barista Aidan

Entwicklungsitem	Fundort
Zucker-Schleife	Claw City - Nach dem Kampf gegen Barista Alister Engine City - Nach dem Kampf gegen Barista Jim Score City - Nach dem Kampf gegen Barista Aidan
Zucker-Stern	Claw City - Nach dem Kampf gegen Barista Alister Engine City - Nach dem Kampf gegen Barista Jim Score City - Nach dem Kampf gegen Barista Aidan

Fossil	Fundorte
Paddelfossil	Schwert : Route 6 nahe dem Camping Zelt, südlich von Petra Fakt versteckt Zufällig von den Buddel-Brüdern im Brückental
Fischfossil	Schild : Route 6 nahe dem Camping Zelt, südlich von Petra Fakt versteckt Zufällig von den Buddel-Brüdern im Brückental
Vogelfossil	Schwert : Von einem Mann links im Pokémon Center von Passbeck Zufällig von den Buddel-Brüdern im Brückental
Drachenfossil	Schild : Von einem Mann links im Pokémon Center von Passbeck Zufällig von den Buddel-Brüdern im Brückental
Zufällige Fossilien	Versteckte Gegenstände im Sandsturmkessel

Je 2 Fossile können bei Petra Fakt zu einem Pokémon kombiniert werden. Sie ist auf Route 6 nahe dem Camping-Zelt oberhalb einer Rampe zu finden.

Diese Pokémon besitzen alternative Formen, die es in der Galar-Region so nicht gibt. Sie können aber über Pokémon Home aus einem anderen Spiel übertragen werden:

Alola-Raichu	Gallopa	Makabaja
Alola-Vulpix	Porenta	Echnatoll
Alola-Vulnona	Smogmog	Flampion
Snobilikat	Pantimos	Flampivian
Alola-Mauzi	Corasonn	Flunschlik
Alola-Snobilikat	Zigzachs	
Ponita	Geradaks	

Diese Pokémon können in der Galar-Region gar nicht gefunden werden, sie können aber über Pokémon Home aus einem anderen Spiel übertragen werden:

Bisasam	Viridium	Marikeck
Bisaknosp	Reshiram	Primarene
Bisaflor	Zekrom	Cosmog
Schiggy	Kyurem	Cosmovum
Schillok	Keldeo	Solgaleo
Turtok	Bauz	Lunala
Mewtu	Arboretoss	Necrozma

Diese Pokémon können in der Galar-Region gar nicht gefunden werden, sie können aber über Pokémon Home aus einem anderen Spiel übertragen werden:		
Mew	Silvarro	Marshadow
Celebi	Flamiau	Zeraora
Jirachi	Mizunder	Meltan
Kobalium	Fuegro	Melmetal
Terrakium	Robball	

Diese Pokémon erhältst du von Charakteren im Spiel via Tausch:		
Bietet:	**Sucht:**	**Fundort**
Raffel Level 10	Scoppel	Engine City – Pokémon-Center
Mauzi Level 18	Galar-Mauzi	Turffield – Stadion
Waumboll Level 23	Picochilla	Keelton – Bei den Strand-Läden
Togepi Level 25	Toxel	Claw City – Neben dem Trainer mit dem Rizeros
Brimova Level 30	Maracamba	Passbeck – Im linken Teil der Stadt auf dem Haus
Bähmon Level 30	Maracamba	Passbeck – Im linken Teil der Stadt auf dem Haus
Makabaja Level 36	Galar-Makabaja	Fairballey – Stadion

Diese Pokémon erhältst du von Charakteren im Spiel via Tausch:		
Bietet:	**Sucht:**	**Fundort**
Jiutesto Level 37	Gelatroppo	Circhester – Eisverkäufer
Karadonis Level 37	Gelatroppo	Circhester – Eisverkäufer
Pantimos Level 40	Barrikadax	Spikeford – Stand auf der Bühne
Duraludon Level 50	Mottineva	Score City – Reihenhaus

Gigadynamax-Pokémon	Fundort
In Dyna-Raids:	
Gigadynamax-Deponitox	Nest 27 (Milza-See (Osten))
Gigadynamax-Drapfel	Nest 15 (Wipfelscheinwald)
Gigadynamax-Duraludon	Nest 40 (Sitz des Giganten)
Gigadynamax-Gengar	Nest 89 (Megalithen-Ebene)
Gigadynamax-Glurak	Nest 54 (Wutanfall-See)
Gigadynamax-Infernopod	Nest 91 (Megalithen-Ebene)
Gigadynamax-Kamalm	Nest 31 (Hut des Giganten)
Gigadynamax-Kingler	Nest 77 (Milotic-See (Süden)), Nest 95 (Milza-See (Westen))
Gigadynamax-Krarmor	Nest 30 (Hut des Giganten)

Gigadynamax-Pokémon	Fundort
Gigadynamax-Lapras	Nest 44 (Sitz des Giganten)
Gigadynamax-Machomei	Nest 89 (Megalithen-Ebene)
Gigadynamax-Maritellit	Nest 7 (Brückental), Nest 12 (Wipfelscheinwald)
Gigadynamax-Montecarbo	Nest 44 (Sitz des Giganten)
Gigadynamax-Olangaar	Nest 17 (Sandsturmkessel)
Gigadynamax-Patinaraja	Nest 81 (Megalithen-Ebene)
Gigadynamax-Pokusan	Nest 10 (Brückental)
Gigadynamax-Sanaconda	Nest 18 (Sandsturmkessel), Nest 24 (Sandsturmkessel)
Gigadynamax-Schlapfel	Nest 15 (Wipfelscheinwald)
Gigadynamax-Silembrim	Nest 3 (Brückental)
Gigadynamax-Smettbo	Nest 69 (Wonnewiesen), Nest 73 (Wonnewiesen)
Als Geschenk:	
Glumanda (--> Gigadynamax-Glurak)	In Furlongham im Haus von Hop im Zimmer von Delion, nachdem du ihn besiegt hast und neuer Champ geworden bist.
Gigadynamax-Pikachu	Im Bahnhof der Naturzone am Treffpunkt von dem Mädchen, wenn du einen Spielstand von Pokémon: Let's Go, Pikachu! auf deiner Switch hast.
Gigadynamax-Evoli	Im Bahnhof der Naturzone am Treffpunkt von dem Jungen, wenn du einen Spielstand von Pokémon: Let's Go, Evoli! auf deiner Switch hast.

Gigadynamax-Pokémon	Fundort
Via Event:	

Bei speziellen Events kann man Gigadynamax-Pokémon erhalten. Zum Beispiel gab es für Vorbesteller des Spiels ein Gigadynamax-Mauzi. In der Naturzone finden immer wieder Raid-Events statt, bei denen Gigadynamax-Pokémon häufiger vorkommen.

TMs (Technische Maschinen) und TPs (Technische Platten)

TMs und TPs enthalten jeweils Attacken, die du deinen Pokémon beibringen kannst. TPs kannst du nur einmal benutzen und musst sie dir danach neu aneignen, während TMs sich nicht verbrauchen, sondern nur einmal im Spiel gefunden werden müssen.
Alle TPs im Spiel bekommst du entweder als zufällige Belohnung in Dyna-Raids oder du kaufst sie in der Naturzone für Watt.
Die Fundorte aller TMs findest du unten aufgelistet.

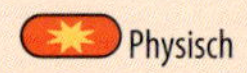 Physisch

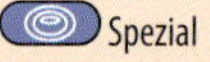 Spezial

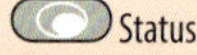 Status

TM	Typ	Attacke	Klasse	Stärke	Genau.	AP	Fundort
TM00	Normal	Megahieb		80	85	20	Claw City (Im rechten Pokémon Center für 10.000 PokéDollar)
TM01	Normal	Megakick		120	75	5	Claw City (Im rechten Pokémon Center für 40.000 PokéDollar)
TM02	Normal	Zahltag		40	100	20	Engine City (Unterhalb des Stahl-Gerüsts bei der Angelstelle)
TM03	Feuer	Feuerschlag		75	100	15	Score City (Im oberen Pokémon Center für 50.000 PokéDollar)

TM	Typ	Attacke	Klasse	Stärke	Genau.	AP	Fundort
TM04	Eis	Eishieb		75	100	15	Score City (Im oberen Pokémon Center für 50.000 PokéDollar)
TM05	Elektro	Donnerschlag		75	100	15	Score City (Im oberen Pokémon Center für 50.000 PokéDollar)
TM06	Flug	Fliegen		90	95	15	Passbeck (Vom Taxipilot im Haus links über den beiden Herren)
TM07	Käfer	Nadelrakete		25	95	20	Route 4 (Bei Poké-Kind Sebastian)
TM08	Normal	Hyperstrahl		150	90	5	Score City (Im oberen Pokémon Center für 50.000 PokéDollar)
TM09	Normal	Gigastoß		150	90	5	Score City (Im oberen Pokémon Center für 50.000 PokéDollar)
TM10	Pflanze	Zauberblatt		60	-	20	Turffield (Nach dem Sieg über Yarro)
TM11	Pflanze	Solarstrahl		120	100	10	Turffield (Mit Surfer auf einer Sandbank im rechten Teil des Flusses)
TM12	Pflanze	Solarklinge		125	100	10	Score City (Im oberen Pokémon Center für 50.000 PokéDollar)
TM13	Feuer	Feuerwirbel		35	85	15	Claw City (Im linken Pokémon Center für 10.000 PokéDollar)
TM14	Elektro	Donnerwelle		-	90	20	Brückental (Als Dankeschön für den Abschluss der ersten Rotom-Rallye)
TM15	Boden	Schaufler		80	100	10	Route 6 (Neben Pokémon Camp rechts)
TM16	Normal	Kreideschrei		-	85	40	Circhester (Rechte Hotelseite: Von Mann im ersten rechten Zimmer)

TM	Typ	Attacke	Klasse	Stärke	Genau.	AP	Fundort
TM17	Psycho	Lichtschild		-	-	30	Engine City (Im linken Pokémon Center für 10.000 PokéDollar)
TM18	Psycho	Reflektor		-	-	20	Engine City (Im linken Pokémon Center für 10.000 PokéDollar)
TM19	Normal	Bodyguard		-	-	25	Engine City (Im linken Pokémon Center für 10.000 PokéDollar)
TM20	Normal	Finale		200	100	5	Score City: Kampfturm (Bei der TM-Händlerin für 100.000 PokéDollar)
TM21	Psycho	Erholung		-	-	10	Fairballey (Rechts vom PokéCenter)
TM22	Gestein	Steinhagel		75	90	10	Route 9 (Unter dem geheimen Strand, nahe Schwimmerin Eliza)
TM23	Unlicht	Raub		60	100	25	Claw City (Im linken Pokémon Center für 10.000 PokéDollar)
TM24	Normal	Schnarcher		50	100	15	Wirrschein-Wald (Linker Weg vom Duo entlang)
TM25	Normal	Schutzschild		-	-	10	Engine City (Im linken Pokémon Center für 10.000 PokéDollar)
TM26	Normal	Grimasse		-	100	10	Galar-Mine 1 (Links von Arbeiterin Lisa entlanggehen)
TM27	Eis	Eissturm		55	95	15	Schwert: Circhester (Vom Mann im Haus über dem Pokémon-Center) Schild: Circhester (Nach Sieg über Mel)"
TM28	Pflanze	Gigasauger		75	100	10	Score City: Kampfturm (Bei der TM-Händlerin für 100.000 PokéDollar)

TM	Typ	Attacke	Klasse	Stärke	Genau.	AP	Fundort
TM29	Fee	Charme		-	100	20	Claw City (Vor dem Eingang der Schatzkammer auf der Burg)
TM30	Stahl	Stahlflügel		70	90	25	Route 6 (Nahe bei Backpackerin Kerstin)
TM31	Normal	Anziehung		-	100	15	Route 5 (Unten rechts beim Grasfeld, nahe des Camps)
TM32	Gestein	Sandsturm		-	-	10	Claw City (Im linken Pokémon Center für 10.000 PokéDollar)
TM33	Wasser	Regentanz		-	-	5	Claw City (Im linken Pokémon Center für 10.000 PokéDollar)
TM34	Feuer	Sonnentag		-	-	5	Claw City (Im linken Pokémon Center für 10.000 PokéDollar)
TM35	Eis	Hagelsturm		-	-	10	Claw City (Im linken Pokémon Center für 10.000 PokéDollar)
TM36	Wasser	Whirlpool		35	85	15	Keelton (Nach dem Sieg gegen Kate)
TM37	Unlicht	Prügler		-	100	10	Route 3 (Neben dem Beerenbaum rechts)
TM38	Feuer	Irrlicht		-	85	15	Engine City (Von Stuart nach dem Sieg über Kabu)
TM39	Normal	Fassade		70	100	20	Engine-Flussufer (Im linken Teil des Gebiets neben einem Beerenbaum)
TM40	Normal	Sternschauer		60	-	20	Brassbury (Von Hop kurz bevor ihr zum ersten Mal Bahn fahrt)
TM41	Normal	Rechte Hand		-	-	20	Engine City (Im linken Pokémon Center für 10.000 PokéDollar)

TM	Typ	Attacke	Klasse	Stärke	Genau.	AP	Fundort
TM42	Kampf	Vergeltung		60	100	10	Schwert: Passbeck (Nach dem Sieg über Saida) Schild: Fairballey (Von Frau im rechten Haus von Franks. Belohnung für 4 Orden)"
TM43	Kampf	Durchbruch		75	100	15	Route 8 (Nach der letzten Treppe ganz links)
TM44	Normal	Begrenzer		-	-	10	Score City: Kampfturm (Bei der TM-Händlerin für 100.000 PokéDollar)
TM45	Wasser	Taucher		80	100	10	Route 9 (Von der Frau beim geheimen Strand)
TM46	Normal	Meteorologe		50	100	10	Claw City (Im rechten Pokémon Center für 30.000 PokéDollar)
TM47	Unlicht	Trugträne		-	100	20	Circhester (Rechte Hotelseite: Von Musiker im zweiten rechten Zimmer)
TM48	Gestein	Felsgrab		60	95	15	Schwert: Circhester (Nach Sieg über Mel) Schild: Circhester (Mann im Haus über Pokémon Center)"
TM49	Boden	Sandgrab		35	85	15	Galar-Mine 2 (Rechts neben Trainer Manfred)
TM50	Pflanze	Kugelsaat		25	100	30	Claw City (Im linken Pokémon Center für 10.000 PokéDollar)
TM51	Eis	Eisspeer		25	100	30	Circhester (Rechts neben dem Becken des Thermalbades)
TM52	Flug	Sprungfeder		85	85	5	Score City: Kampfturm (Bei der TM-Händlerin für 100.000 PokéDollar)

TM	Typ	Attacke	Klasse	Stärke	Genau.	AP	Fundort
TM53	Boden	Lehmschuss		55	95	15	Galar-Mine 2 (Rechts hinter dem dritten Wasserloch der Höhle. Wasserupgrade vom Fahrrad benötigt)
TM54	Gestein	Felswurf		25	90	10	Route 3 (Über Galar-Mine 1 erreichbar, links oben auf dem Abhang)
TM55	Wasser	Lake		65	100	10	Claw City (Im linken Pokémon Center für 10.000 PokéDollar)
TM56	Käfer	Kehrtwende		70	100	20	Wirrschein-Wald (Anderer Weg entlang, vor dem Leuchtpilz)
TM57	Unlicht	Gegenstoß		50	100	10	Route 2 (Hinter Professor Magnolicas Haus)
TM58	Unlicht	Gewissheit		60	100	10	Route 7 (Rechts über Gentleman Patrick)
TM59	Unlicht	Schleuder		-	100	10	Score City: Kampfturm (Bei der TM-Händlerin für 100.000 PokéDollar)
TM60	Psycho	Krafttausch		-	-	10	Score City (Im oberen Pokémon Center für 30.000 PokéDollar)
TM61	Psycho	Schutztausch		-	-	10	Score City (Im oberen Pokémon Center für 30.000 PokéDollar)
TM62	Psycho	Initiativetausch		-	-	10	Score City (Im oberen Pokémon Center für 30.000 PokéDollar)
TM63	Kampf	Ableithieb		75	100	10	Score City (Im oberen Pokémon Center für 50.000 PokéDollar)
TM64	Eis	Lawine		60	100	10	Route 9 (Links aufs Wasser neben Sybille, dann durchradeln und den Berg links unten hoch)

TM	Typ	Attacke	Klasse	Stärke	Genau.	AP	Fundort
TM65	Geist	Dunkelklaue		70	100	15	Wutanfall-See (Unter einem Baum auf dem höchsten Berg des Gebiettes)
TM66	Elektro	Donnerzahn		65	95	15	Claw City (Im rechten Pokémon Center für 30.000 PokéDollar)
TM67	Eis	Eiszahn		65	95	15	Claw City (Im rechten Pokémon Center für 30.000 PokéDollar)
TM68	Feuer	Feuerzahn		65	95	15	Claw City (Im rechten Pokémon Center für 30.000 PokéDollar)
TM69	Psycho	Psychoklinge		70	100	20	Route 2 (Postgame: Links oben im letzten Teil der Route)
TM70	Psycho	Bizarroraum		-	-	5	Score City: Kampfturm (Bei der TM-Händlerin für 50.000 PokéDollar)
TM71	Psycho	Wunderraum		-	-	10	Score City: Kampfturm (Bei der TM-Händlerin für 50.000 PokéDollar)
TM72	Psycho	Magieraum		-	-	10	Score City: Kampfturm (Bei der TM-Händlerin für 50.000 PokéDollar)
TM73	Gift	Giftstreich		70	100	20	Sandsturmkessel (Unter einem Baum hinter einem Ast des Flusses)
TM74	Gift	Giftschock		65	100	10	Passbeck (Auf dem Dach eines Hauses im linken Teil der Stadt)
TM75	Kampf	Fußtritt		65	100	20	Milza-See (Auge) (In der Mitte des Gebiets auf der kleinen Landzunge)
TM76	Normal	Kanon		60	100	15	Engine City (Im linken Pokémon Center für 10.000 PokéDollar)

TM	Typ	Attacke	Klasse	Stärke	Genau.	AP	Fundort
TM77	Geist	Bürde		65	100	10	Schwert: Fairballey (Von Frau im rechten Haus von Frank. Belohnung für 4 Orden) Schild: Passbeck (Nach Sieg über Nio)
TM78	Flug	Akrobatik		55	100	15	Fairballey (Mann vor dem linken Haus, Kleidung zum Thema Feuer anziehen)
TM79	Normal	Heimzahlung		70	100	5	Keelton (Nach dem Sieg gegen Kate von Sania)
TM80	Elektro	Voltwechsel		70	100	20	Brückental (Als Preis für 20000 Punkte bei der Rotom-Rallye)
TM81	Boden	Dampfwalze		60	100	20	Sitz des Giganten (Hinter dem großen Hügel an Garados-See)
TM82	Elektro	Elektronetz		55	95	15	Keelton (Rechts neben dem Leuchtturm)
TM83	Wasser	Kalkklinge		75	95	10	Score City: Kampfturm (Bei der TM-Händlerin für 100.000 PokéDollar)
TM84	Normal	Kehrschelle		25	85	10	Wonnewiesen (Unter einem Baum im südlichen Teil des Gebiets)
TM85	Unlicht	Standpauke		55	95	15	Spikeford (Vom Rüpel am Einlass nach Sieg Nezz)
TM86	Geist	Phantomkraft		90	100	10	Schlummerwald (Rechts unten im Wald)
TM87	Fee	Diebeskuss		50	100	10	Fairballey (Von Papella nach Sieg)
TM88	Pflanze	Grasfeld		-	-	10	Claw City (Im rechten Pokémon Center für 20.000 PokéDollar)

TM	Typ	Attacke	Klasse	Stärke	Genau.	AP	Fundort
TM89	Fee	Nebelfeld		-	-	10	Claw City (Im rechten Pokémon Center für 20.000 PokéDollar)
TM90	Elektro	Elektrofeld		-	-	10	Claw City (Im rechten Pokémon Center für 20.000 PokéDollar)
TM91	Psycho	Psychofeld		-	-	10	Claw City (Im rechten Pokémon Center für 20.000 PokéDollar)
TM92	Feuer	Magieflamme		75	100	10	Score City: Kampfturm (Bei der TM-Händlerin für 100.000 PokéDollar)
TM93	Elektro	Mystowellen		-	100	15	Score City (Hinter dem Schild des Kampfturms)
TM94	Normal	Trugschlag		40	100	40	Engine City (Im linken Pokémon Center für 10.000 PokéDollar)
TM95	Flug	Luftschnitt		75	95	15	Milza-See (Auge) (Hinter dem Seestück auf einer kleinen Insel)
TM96	Stahl	Schmalhorn		70	-	10	Route 8 (Der Weg zu Ärztin Romina: Hinter dem Trainer-Tipps-Schild)
TM97	Unlicht	Wirbler		60	100	20	Turffield (Rechts neben der Arena, Weg am Pokémon Center rechts vorbei gehen)
TM98	Boden	Fruststampfer		75	100	10	Route 10 (Rechts mittig auf der Route)
TM99	Drache	Breitseite		60	100	15	Claw City (Nach dem Sieg über Roy von Roy)

Wie du Shiny-Pokémon bekommst

Generell gibt es zwei Möglichkeiten, schillernde Pokémon zu finden: Durch Kämpfe und durch Brüten.
Die Standard-Wahrscheinlichkeit für ein Shiny-Pokémon beträgt dabei 1:4096 (etwa 0,02 %). Diese Wahrscheinlichkeit kannst du jedoch durch bestimmte Methoden beträchtlich erhöhen.

Shinys durch Kämpfe:

Deine Chancen erhöhen sich dadurch:
Das gleiche Pokémon bis zu 500x bekämpft zu haben. Je öfter, desto höher die Chancen.
Das gleiche Pokémon bis zu 25x direkt hintereinander bekämpft zu haben. Je öfter, desto höher die Chancen. Es darf kein Kampf mit einem anderen Pokémon dazwischen sein.
Der Schillerpin erhöht die Shiny-Chance zusätzlich. Du erhältst ihn, wenn du deinen Pokédex vervollständigst im Hotel Ionia in Circhester. Dort wird er dir vom Spieledirektor im letzten Zimmer im linken Gang ausgehändigt.
Sind all diese Begebenheiten gleichzeitig erfüllt, beträgt die Shiny-Chance 1:455 (etwa 0,22 %).

Shinys durch Brüten:

Du kannst Pokémon-Eier im Hort auf Route 5 oder der Naturzone erhalten, indem du zwei Pokémon der gleichen Ei-Gruppe abgibst. Eines der beiden darf auch ein Ditto sein (da es sich in jedes Pokémon verwandeln kann!).
Ist eines der Pokémon aus einer anderen Sprachregion getauscht, erhöht sich die Chance auf ein schillerndes Pokémon. Auch beim Brüten erhöht der Schillerpin die Chancen.
Zum Brüten musst du mit dem Ei zu Fuß oder auf dem Fahrrad eine gewisse Zeit unterwegs sein, dann ist das Ei ausgebrütet und das Pokémon schlüpft. Das Brüten geht schneller, wenn du den Ovalpin besitzt. Diesen bekommst du erst, sobald du der Champ der Galar-Region bist. Geh in Circhester in das Hotel und links in den Aufzug. Oben links kannst du im ersten Zimmer gegen den Polizisten Morimoto kämpfen. Als Belohnung erhältst du den Ovalpin.
Ein Pokémon mit der Fähigkeit Flammkörper im Team verdoppelt die Brütgeschwindigkeit. Infernopod, Wagong, Lichtel und Laternecto besitzen diese Fähigkeit.

BILDNER

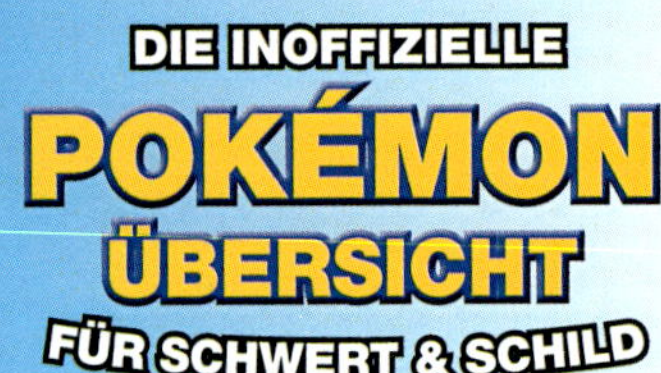

Auf der Galar-Insel gibt es 400 Pokémon – 81 davon sind neue, noch nie zuvor gesichtete Arten. Finde und fange sie alle! Diese inoffizielle Spielhilfe im praktischen Immer-Dabei-Format erleichtert dir deine Suche. Alle Pokémon sind mit Galar-Dex-Nr., Typ, deutschem Namen, Entwicklung und Fundort aufgelistet, inklusive Wetter und Besonderheiten. Zudem stecken viele weitere Infos und Tipps in diesem Heft, z. B. TM-Fundorte, Entwicklungsgegenstände und Ingame-Tauschmöglichkeiten.

4,90 € [D] 5,10 € [AT]

© BILDNER Verlag GmbH | Bahnhofstraße 8 | 94032 Passau
www.bildner-verlag.de
ISBN 978-3-8328-0401-5
RP 425

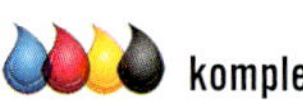

komplett in Farbe